ASSOCIATION DES DAMES FRANÇAISES
SECOURS AUX MILITAIRES BLESSÉS ET
Aux Civils dans les Calamités publiques

DU RÔLE DES FEMMES

DANS LES GUERRES CONTEMPORAINES

CONFÉRENCE

Faite au Comité du Mans, le 6 Octobre 1888

Par M. LEBERT,

DÉLÉGUÉ RÉGIONAL

PRÈS LE GÉNÉRAL-COMMANDANT DU 4ᵉ CORPS

AMIENS

TYPOGRAPHIE DELATTRE-LENOEL

Imprimeur de l'Association

1888

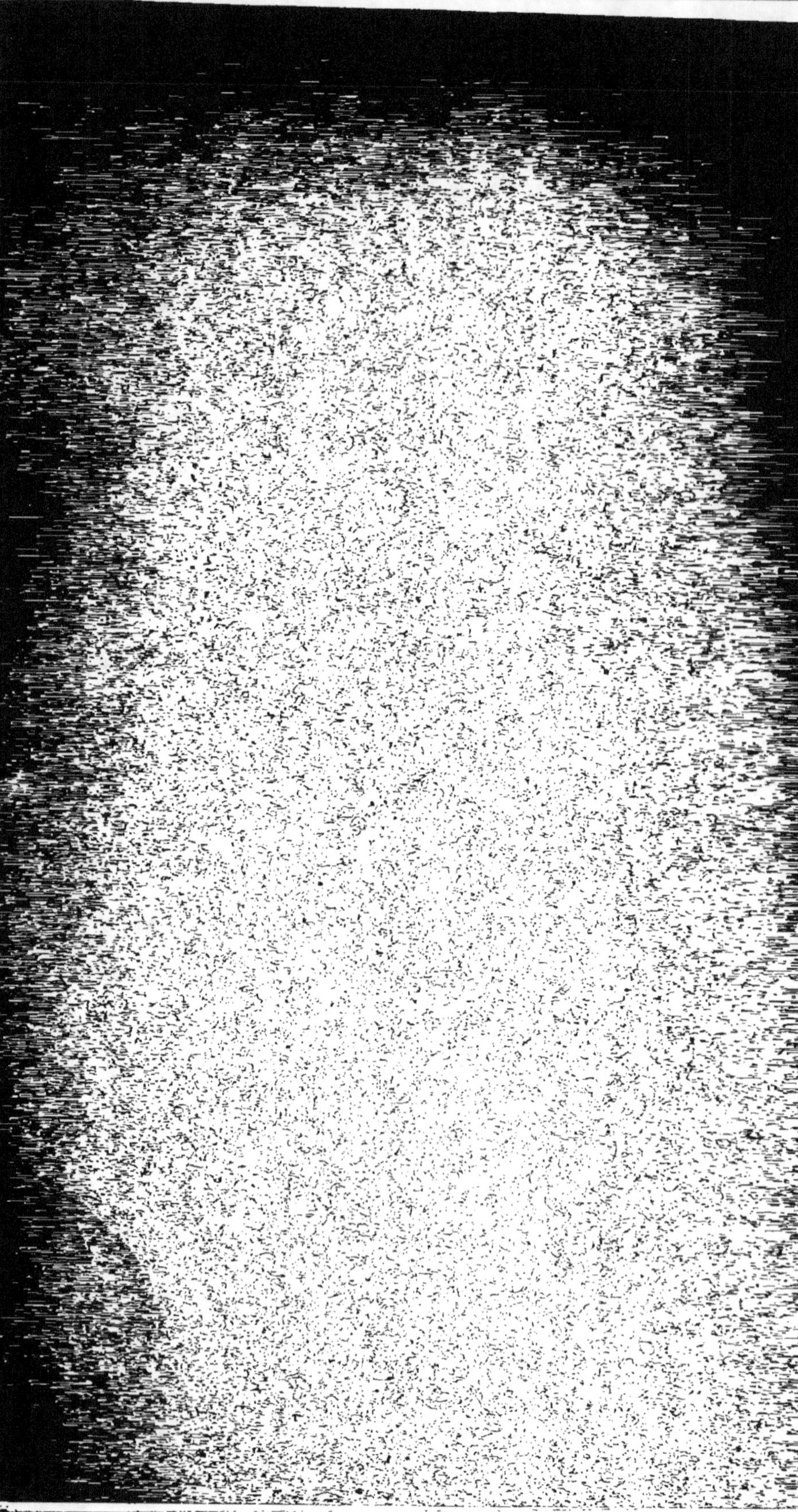

ASSOCIATION DES DAMES FRANÇAISES

SECOURS AUX MILITAIRES BLESSÉS OU MALADES

Aux Civils dans les Calamités publiques

DU RÔLE DES FEMMES

DANS LES GUERRES CONTEMPORAINES

CONFÉRENCE

Faite au Comité du Mans, le 6 Octobre 1888

Par M. LEBERT,

DÉLÉGUÉ RÉGIONAL

PRÈS LE GÉNÉRAL-COMMANDANT DU 4e CORPS

AMIENS

TYPOGRAPHIE DELATTRE-LENOEL

Imprimeur de l'Association

1888

CONFÉRENCE

FAITE AU COMITÉ DU MANS

Par M. LEBERT

DÉLÉGUÉ RÉGIONAL, PRÉSIDENT DE LA CHAMBRE DE COMMERCE,
CHEVALIER DE LA LÉGION D'HONNEUR.

Après les guerres du premier empire, l'Europe jouit pendant 40 ans des bienfaits de la paix ; les choses ont bien changé depuis ; la guerre a promené ses ravages dans toutes les parties du monde ; les armées sont devenues plus nombreuses ; les armes ont été perfectionnées, c'est-à-dire qu'on a augmenté leur puissance de destruction ; presque toutes les puissances ont été entraînées dans des luttes sanglantes, et se sentent menacées d'y retomber. On pourrait croire que le monde a fait un pas en arrière, un retour vers la barbarie, si les horreurs de la guerre n'avaient été tempérées et adoucies par des forces contraires et par la manifestation de sentiments nouveaux, la charité, la pitié, le patriotisme fortifiés par l'esprit d'association. Tout le monde a donné pour l'armée ; les âmes fortes et généreuses ont fait plus. Des hommes, que n'atteignait pas le service militaire, sont allés sur le champ de bataille relever les blessés ; des dames, touchées de pitié par le récit ou par le spectacle des souffrances des blessés, ont voulu distribuer, elles-mêmes, les secours et y ajouter le prix des soins les plus assidus, des attentions les plus délicates.

Cette histoire de la charité en temps de guerre est toute moderne ; elle a déjà des annales bien intéressantes ; permettez-moi, Mesdames, de rappeler quelques épisodes qui font le plus grand honneur à vos devancières.

Guerre de Crimée.

Je commencerai par la guerre de Crimée. En 1854, La France et l'Angleterre se réunirent pour arrêter les progrès de la Russie vers Constantinople ; au mois d'août on résolut de faire le siège de Sébastopol ; les flottes alliées portèrent 120,000 hommes en Crimée, 45,000 Anglais, et 75,000 Français ; après la bataille de l'Alma, l'armée s'établit auprès de Sébastopol ; le siège fut long, les combats nombreux, les hivers rigoureux ; autant de dangers pour l'état sanitaire de l'armée. Les Anglais, habitués à ne manquer de rien, furent les premiers atteints sérieusement ; dès la fin du premier hiver ils perdaient beaucoup de monde par les maladies. Ils avaient dans leur camp une femme qui, bravant tous les périls et toutes les fatigues, avait voulu suivre l'armée pour prodiguer ses soins aux blessés ; cette femme, dont le nom vivra dans les fastes de la charité, Miss Nightingale, fut le sauveur de l'armée Anglaise ; elle écrivit à Londres des lettres si éloquentes, que la nation Anglaise s'émut et voulut sauver son armée ; lord Panmure, ministre de la guerre, envoya en Crimée deux délégués avec mission de s'entendre avec Miss Nightingale et prendre d'urgence toutes les mesures nécessaires pour améliorer promptement l'état sanitaire de l'armée ; en quelques semaines des ambulances spacieuses étaient construites, des infirmiers instruits étaient envoyés, des vêtements chauds, des vivres frais étaient distribués en abondance, la mortalité diminuait rapidement et devenait inférieure à ce qu'elle est souvent dans les casernements.

En était-il de même dans le camp français ? Malheureusement non ! Nos soldats avaient mieux résisté pendant les premiers mois du siège ; mais réduits aux vivres de campagne et aux vêtements règlementaires ils finirent par perdre de leurs forces et furent envahis par la maladie ; entassés dans les ambulances ou même évacués dans les trop vastes hôpitaux de Constantinople, ils y périrent en grand nombre. La différence de traitement se traduit par des chiffres tristement éloquents.

Au printemps 1855 l'armée Anglaise perdait dans les ambulances 22 p. %, des entrants ; au printemps suivant elle n'en perdait plus que 2,20 p. %,. L'armée Française, au contraire, qui, dans la première période, perdait 12 p. %, de ses malades, voyait ses pertes s'élever à 20 p. %, dans l'hiver 1855-1856. Ces chiffres sont cités dans tous les rapports officiels, notamment dans celui du Dr Chenu qui fait autorité en matière sanitaire.

Guerre d'Italie.

Quelques mots maintenant de la guerre d'Italie. Au mois de mai 1859 l'armée Frrnçaise, forte de 160,000 hommes, entre en Italie pour aider les Italiens à conquérir leur indépendance. Elle faisait campagne dans la belle saison, aux portes de la France, dans un pays fertile et ami. Il semble que dans ces conditions, de prompts et abondants secours devaient être assurés à nos malades et à nos blessés. Il n'en fut rien ; le service sanitaire était insuffisant ; les médicaments, les abris, le linge, les couvertures faisaient défaut ; les vivres même manquaient souvent.

Le 20 mai eut lieu le combat de Montebello. Il y eut de nombreux blessés ; le Médecin en chef du 1er corps écrit à l'Intendant pour demander des vivres et des couvertures et ajoute que pendant quatre jours 800 blessés ont été nourris par la commisératioon publique.

180 blessés intransportables sont laissés à Voghera, aux soins d'un médecin-major et de trois aides ; à défaut d'infirmiers on lui envoie des musiciens. Un mois plus tard, le 24 juin, a lieu la bataille de Solférino ; l'Intendant général, rendant compte des mesures prises pour relever les blessés, dit que les équipages du train et les muletiers en ont relevé 10,000 du 25 au 30 juin ; ainsi de malheureux blessés sont restés cinq et six jours sur le champ de bataille.

Mais, direz-vous, que faisaient les Français pour leur armée ? Ils ne faisaient rien ; ils ne soupçonnaient pas les souffrances de nos soldats. Au début de la guerre, divers Comités ouvrirent des souscriptions ; bientôt, avec l'amour de centralisation qui nous distingue, ces Comités durent correspondre avec une Commission officielle chargée de distribuer les secours. La Commission fit paraître l'avis suivant qui mérite d'être cité textuellement :

« L'armée d'Italie étant amplement approvisionnée par l'admi-
» nistration de la guerre, les dons en nature provenant de la
» souscription nationale seront successivement vendus par l'admi-
» nistration des domaines, et le produit de la vente, versé dans
» les caisses publiques, viendra en accroissement des dons en
» argent. »

On a vu tout à l'heure ce qu'était l'abondance au camp Français et l'on peut juger si les dons eussent été inutiles.

En cette même année 1859, la Grande-Duchesse de Bade fondait une Association de Dames pour porter secours aux blessés, Association qui a servi de modèle à plusieurs autres ; ces Associations ont rendu aux Allemands d'immenses services en 1866 et en 1870 ; elles comptent aujourd'hui 70,000 adhérentes. Mais suivons l'ordre chronologique, et parlons de la guerre de sécession.

Guerre de la Sécession des États-Unis.

Une grave question, celle de l'abolition de l'esclavage, divisait en deux camps les États-Unis d'Amérique. Les États du Nord, ayant la majorité dans le Parlement, décrétèrent l'abolition de l'esclavage ; les planteurs du Sud ne voulaient pas subir ce qu'ils appelaient une spoliation, ils tentèrent de se séparer de l'Union. De là une guerre civile acharnée qui dura près de quatre ans (1861-1865) et fut menée de part et d'autre avec une extrême vigueur. Les États du Nord n'avaient pas d'armée, et dans cette guerre ils mirent en ligne jusqu'à 800,000 hommes. Il fallut armer, équiper, dégrossir et lancer en avant une foule de volontaires. Une armée formée dans ces conditions semblait plus que toute autre exposée à subir des pertes nombreuses. Le service sanitaire était presque nul ; les blessés restaient sans secours dans la campagne.

De simples particuliers, guidés par leurs sentiments d'humanité et de patriotisme, et soutenus par l'opinion publique, formèrent ce qu'on appela la *Commission sanitaire*.

Cette Commission déclara au gouvernement que la nation entière voulait assurer à ses soldats tout ce dont ils pourraient avoir besoin. Elle fut autorisée à faire une enquête pour connaître ces besoins ; elles fonda et guida de ses conseils de nombreux Comités de secours dont le principal fut : l'*Association générale des Femmes pour le soulagement des blessés*, vaste association qui réunit et distribua 400 millions de secours, et présida partout au service des ambulances.

La Commission sanitaire, disposant de ressources immenses et voulant à tout prix assurer le bien-être et le salut de l'armée, maintint le service sanitaire dans un état excellent. Le chemin de fer ne servit pas seulement pour amener les troupes en première ligne, il ramenait aussi les malades et blessés, et les distribuait au loin dans des ambulances établies avec tout le confort de la science moderne et dirigées par des Dames ; dans ces conditions les soldats, entourés de soins minutieux, se rétablissaient promptement.

Grâce à la Commission sanitaire et à l'Association générale des Femmes, l'armée fédérale ne fut jamais décimée par les épidémies et ne subit d'autres pertes que celles du champ de bataille.

GUERRE DE 1870.

Enfin nous arrivons à la guerre de 1870. Le conflit était prévu depuis trois ans ; l'Allemagne avait préparé son armée de combat et son armée de secours ; nous n'avions préparé ni l'une ni l'autre. Ecrasés par le nombre, refoulés par une suite de revers à 500 kilomètres de leur point d'attaque, nos soldats, dans leur propre pays, manquèrent souvent de vivres et de vêtements. Ils endurèrent de grandes souffrances et ne furent pas toujours suffisamment secourus. On donna beaucoup pour soulager nos soldats ; mais le défaut d'organisation empêcha souvent de tirer de ces dons tout le soulagement qu'ils devaient procurer.

Au milieu de ces tristesses et de ces misères, quelques ambulances, dirigées par des femmes, rendirent d'immenses services ; nous voulons vous signaler quelques-uns de leurs bienfaits.

Dès les premiers bruits de guerre, il se forma à Bruxelles un

Comité central pour secours aux blessés ; ce Comité eut bientôt un Comité de *Dames* qui élut comme présidente Mme la baronne de Crombrugghe. On s'occupa d'abord : 1° de recueillir des souscriptions, 2° de former des ateliers et de remplir des magasins, 3° de faire appel au dévouement personnel des Dames.

Quelques semaines après, le 18 août, un premier groupe se dirigeait vers le théâtre de la guerre ; M. Carré avec 17 collègues et infirmiers devait se porter en première ligne, aider au transport et à l'évacuation des blessés ; Mme de Crombrugghe, avec neuf autres Dames, partait pour offrir ses services dans quelque ambulance auxiliaire.

Ils se dirigèrent vers Sarrebrück où le bombardement de cette ville, les combats de Spicheren et Forbach avaient fait de nombreuses victimes. M. Küpper, médecin en chef à Sarrebrück, confia à Mme de Crombrugghe et à ses compagnes une salle de blessés français en attendant la construction d'une ambulance de 200 lits dont on pressait l'achèvement.

A Sarrebrück Mme de Crombrugghe trouva une ambulance hollandaise déjà organisée sous la direction de M. et Mme de Mercus et donnant asile à 300 blessés ; construite sur le modèle des ambulances anglaises, elle était admirablement installée et pourvue de tout ce qui pouvait assurer le bien-être des soldats. Mme de Crombrugghe jette un regard d'envie sur cette installation confortable, qu'elle craint de ne pas trouver dans les baraques des Prussiens ; mais guidée par la charité qui l'anime, elle saura quêter à plusieurs portes pour améliorer l'ordinaire de ses pensionnaires.

Le 27 août l'ambulance lui est livrée ; elle se compose de douze baraques contenant 200 lits ; ces Dames se partagent la surveillance des salles, la direction de la lingerie et de la cuisine, fonctions bien importantes dans une ambulance ; en trois jours tous les lits sont occupés ; les blessés prussiens dominent ; cependant les français sont nombreux aussi et sont bien heureux de trouver les soins de Dames qui parlent leur langue, qui écrivent à leur famille et adoucissent pour eux les premiers jours de captivité.

Ces attentions délicates portent ombrage au concierge de l'ambulance qui fomente bientôt dans la rue un attroupement de femmes demandant l'expulsion de ces *Françaises* qui n'ont d'attention que pour les ennemis de l'Allemagne ; mais ces Dames sont bientôt défendues et vengées par leurs pensionnaires prussiens qui sortent et imposent le respect à la foule et disent bien haut : « Ces femmes remplacent ici nos mères et nos sœurs ; nous les » aimons et nous voulons qu'on les respecte. »

Ce sentiment de suspicion est partagé par les dames de la ville qui visitent l'ambulance, tant est grande cette haine de race ; cependant elles voient leurs soldats bien traités et elles font des dons à l'ambulance. Mme de Crombrugghe reçoit beaucoup de la Société du Pain de Bruxelles, de l'Indépendance belge, de l'Ambulance anglaise dirigée par Lady Pigot ; grâce à ces dons, le bien-être règne à l'ambulance ; les convalescences marchent rapidement ; les Allemands vont rejoindre leur corps ; les nôtres sont dirigés vers les forteresses de l'Allemagne, ils partent au moins munis d'un petit trousseau et d'un don en argent. Le nombre des lits occupés diminue rapidement et les vides ne sont pas remplis par l'autorité prussienne. Mme de Crombrugghe et ses Compagnes retournent à Bruxelles, le 18 octobre, prendre quelques jours de repos avant d'entreprendre une nouvelle campagne, munies des lettres de remerciements des chefs du service sanitaire à Sarrebrück.

Metz.

Dès que la capitulation de Metz fût connue, la Société centrale de Bruxelles envoya dans cette ville une ambulance de campagne qui, sous la conduite de M. Eloin, aida dans une large mesure au transport et à l'évacuation des blessés.

Quelques jours après, Mme de Crombrugghe suivit avec quatre autres Dames et vint offrir ses services au docteur Grellois, chef du service sanitaire de la garnison française prisonnière à Metz ; ils furent acceptés avec empressement.

Nous sommes arrivés à l'un des drames les plus lugubres de notre histoire ; cette vaillante armée de 180,000 hommes qui n'avait perdu que 6,000 honmes en combattant, était réduite, par l'intempérie de la saison et les privations du siège, à la plus grande misère ; elle comptait 20,000 malades, pâles, affaiblis, couverts de haillons qu'ils ne quittaient plus depuis longtemps ; 2,500 de ces malheureux n'avaient pu trouver place ni dans les hôpitaux, ni dans les maisons si hospitalières des Messins, ils étaient sous la tente ou dans des wagons ; ce sont ces malheureux qui furent confiés aux soins de Lady Pigot, dans la Halle au Blé, à ceux de Mme de Crombrugghe dans les bâtiments de l'arsenal.

La tâche de Mme de Crombrugghe et de ses campagnes était effrayante, elle n'était pas au dessus de leur courage ; en quelques heures cette cuisine réparatrice qui avait fait merveille à Sarrebrück était installée à l'arsenal et ces malheurenx, réduits depuis longtemps au triste morceau de pain du siège, recevaient enfin une nourriture qu'ils pouvaient supporter; en deux ou trois jours ils recevaient tous les soins de propreté inconnus depuis longtemps. Ces soins, l'amélioration du régime, les boissons chaudes et toniques ranimèrent ceux qui n'étaient pas au dernier degré d'anémie et ces malheureux donnaient à leurs bienfaitrices des preuves touchantes de leur reconnaissance. Pour obtenir ces résultats il fallait autre chose que la ration réglementaire ; on recevait des secours de la Belgique ; l'ambulance Anglaise, dont les provisions semblaient inépuisables, donnait beaucoup ; enfin l'ambulance comptait 800 lits ; les malades ne manquaient de rien ; et ces Dames, aidées de convalescents dont elles avaient fait de bons infirmiers, menaient les choses à bien.

Le 15 décembre, l'autorité prussience voulut prendre possession de l'arsenal ; un convoi d'infirmes fut renvoyé dans ses foyers ; les plus valides furent dirigés sur l'Allemagne. Ceux qui ne pouvaient encore marcher furent versés dans l'ambulance Anglaise, où les mêmes soins leur étaient assurés.

CAMBRAI.

Vers le 15 janvier, Mme de Crombrugghe, sachant que l'armée de Faidherbe se préparait à un dernier effort, pensa qu'elle pourrait encore porter secours à nos soldats. Elle partit avec Mlle Myssens, une de ses compagnes habituelles, visita Maubeuge, Saint-Quentin, où les secours lui parurent suffisants, et vint le 19 à Cambrai.

Le Comité de secours de cette ville accepta ses services avec empressement et lui fournit le nécessaire pour installer dans une ancienne abbaye (le Musée) une ambulance de 100 lits. Le lendemain avait lieu la seconde bataille de Saint-Quentin ; les malades et les blessés qui suivaient la retraite eurent bientôt rempli l'ambulance.

Les communications étant interrompues, Mme de Crombrugghe ne put appeler ses compagnes ; heureusement deux religieuses, forcées par les événements de quitter une école des faubourgs, vinrent offrir leurs services ; avec elles et Mlle Myssens, et un pharmacien belge, Mme de Crombrugghe para à tous les besoins. Les éclopés, plus nombreux que les blessés, furent promptement en état de rejoindre leur corps.

Beaucoup de parents parcouraient les ambulances à la recherche de leurs enfants. Le désir de tirer quelques familles de la peine et de l'inquiétude donna à Mme de Crombrugghe l'idée et le courage d'aller à Saint-Quentin chercher, dans les ambulances, des enfants du Nord, espérant obtenir de l'autorité prussienne la permission d'en emmener quelques uns.

Les soins donnés par elle aux blessés prussiens de Sarrebrück lui valurent un accueil bienveillant du Dr Hootmann qui prononça ces belles paroles : « Nous savons ce que vos compagnes et vous avez fait pour nos compatriotes. Nous voulons le reconnaître aujourd'hui en vous confiant des Français malheureux ; rendez leur d'abord la santé ; vous leur donnerez ensuite la liberté. » Elle emmena ainsi 100 prisonniers.

Bientôt après, sollicitée par un mariste de Valenciennes et un conseiller de Douai, elle retourne à Saint-Quentin et ramène encore de nombreux prisonniers.

L'ambulance du Musée existait depuis trois semaines, et aucun décès n'était encore survenu.

A la fin de février les derniers malades furent versés dans une autre et la colonie Belge rentra dans ses foyers après avoir sauvé bien des soldats français.

Une autre ambulance Belge établie à Arras, sous la direction du Dr Van Aelter d'Anvers, avait aussi rendu de grands services.

Conférence de Mme Cahen.

Il y a quelques mois, notre présidente, Mme la Ctesse Foucher de Careil, décida Mme Coralie Cahen à retracer à nos Sociétaires de Paris les services qu'elle avait rendus pendant la guerre de 1870 ; ils sont trop importants pour ne pas trouver place dans cette revue.

Madame Cahen quitta Paris en 1870, dès les premiers jours du mois d'août et arriva à Metz le jour de la bataille de Borny. Le soir même elle obtient de l'intendance une escouade de 20 hommes avec lesquels elle va relever des blessés qu'elle ramène dans Metz ; elle est dans cette ville pendant le siège à la tête de l'ambulance du Jardin Fabert où, dans des baraques et sous des tentes, elle réunit 300 malades.

Après la capitulation, Mme Cahen se rend à Tours et de là à Vendôme, point le plus rapproché du théâtre de la guerre, au commencement du mois de décembre. Elle installe une ambulance dans le Lycée de Vendôme ; puisant dans les magasins des lits militaires, de la Société de secours aux blessés et de la Société anglaise, si abondamment pourvue, Mme Cahen a bientôt dressé 750 lits ; elle n'a autour d'elle que quelques mobiles inexpérimentés ; sept religieuses viennent lui offrir leur concours qui est accepté avec empressement et bientôt s'établissent des rapports d'estime et de déférence réciproques attestés par un fait significatif. Une des religieuses dit à Mme Cahen : « Madame, en présence de ce » que vous faites, nous ne pouvons vous appeler d'un autre nom » que celui que nous donnons à notre supérieure ; nous vous » demandons de vous appeler notre mère. »

On se battait tout autour de Vendôme ; chaque jour il arrivait de nombreux blessés ; le 15 décembre on se battit aux portes de la ville ; le 16, les Prussiens entrèrent dans Vendôme ; nous savons, pour l'avoir éprouvé un mois plus tard, ce qu'est l'occupation d'une ville par une armée ennemie victorieuse. Mme Cahen resta à son poste qui devint un poste de combat ; elle défendit et par son énergie elle conserva son ambulance et son drapeau.

Le jour même de l'entrée des Prussiens, un général vient à

l'ambulance et veut voir ses soldats, il y avait en effet déjà deux salles de blessés prussiens ; après les avoir vus, avoir parlé avec eux, le général se retira en adressant à Mme Cahen de chaleureux remerciements.

Mais peu à peu les blessés prussiens remplacent les français dans l'ambulance ; le médecin en chef allemand a chaque jour de nouvelles exigences.

Le 7 janvier un nouveau corps d'armée vient occuper Vendôme ; dès sept heures du matin un général accompagné d'une nombreuse escorte vient prendre possession de l'ambulance, installer le service prussien et planter le drapeau des vainqueurs. Mme Cahen va droit au général, proteste contre cette invasion, prétend qu'à côté du drapeau français elle a mis la Croix de Genève et qu'à l'abri de ces deux drapeaux, l'un par l'autre inviolables, elle a le droit de continuer l'ambulance française qu'elle a installée et où elle reçoit les blessés des deux nations.

Le général qui avait d'abord dit : Nous sommes les maîtres, hésite, tient conseil avec les siens, et, à la grande surprise des officiers subalternes et des soldats prussiens qui l'escortent, dit à Mme Cahen : « C'est peut-être juste, vous resterez Madame » ; et l'ambulance continua jusqu'à la fin de la guerre.

Quand la paix fut signée et que l'ennemi dut quitter Vendôme, le médecin en chef allemand, entouré de ses principaux collaborateurs, adressa à Mme Cahen ces paroles :

« Madame, nous ne voulons pas quitter la France sans vous » remercier, non seulement au nom de la nation allemande, mais » au nom de l'humanité ; nous n'oublierons jamais que vous nous » avez forcés à nous incliner également devant votre patriotisme » et devant votre charité. »

Quelques mois plus tard, Mme Cahen entreprit une tâche qui, pour être moins périlleuse, ne rendit pas moins de services aux victimes de la guerre. Etant à Lunéville pour distribuer des secours et donner des soins aux prisonniers revenant d'Allemagne, elle apprit par eux qu'ils laissaient en Allemagne des camarades trop malades pour entreprendre le voyage de retour, et qui les avaient vus s'éloigner avec un profond désespoir. Mme Cahen passe en

Allemagne pour porter secours et consolation à ces malheureux ; étant à Stettin elle apprend qu'il y a encore en Prusse des Français plus malheureux, des militaires et même des civils des départements envahis condamnés, pour actes de défense qualifiés crimes par les Allemands, à 10, 15 ou 20 ans de travaux forcés et disséminés dans les forteresses de l'Allemagne.

En trois voyages, qui durent près d'un an, Mme Cahen parvient à visiter nos compatriotes détenus dans plus de quarante citadelles ou maisons de force et à échanger avec leurs familles des nouvelles dont ils étaient privés depuis si longtemps. Enfin, dernier service signalé, elle parvient à rapporter en France la liste de 60,000 soldats français qui ont passé dans les hôpitaux allemands et peut mettre le Gouvernement français à même d'apprendre à leurs familles anxieuses quand et comment ils en sont sortis.

J'ai cherché à résumer, et je crains bien de lui avoir beaucoup ôté de son charme, l'intéressante Conférence de Mme Cahen ; je vous engage, Mesdames, à la lire dans le Bulletin de l'Association, livraison de Juillet. Je suis bien persuadé que vous ne regretterez pas le temps consacré à cette lecture.

CONCLUSIONS.

De tout ce qui précède nous pouvons tirer plusieurs conséquences :

1° Dans toutes nos guerres contemporaines le service sanitaire de l'armée a été insuffisant ; il en a été ainsi en Crimée, où l'armée comptait 100,000 hommes ; en Italie, où elle en comptait 160,000.

Malgré les perfectionnements qu'on a pu réaliser depuis, il en sera forcément ainsi dans la future guerre où, la France doit mettre en ligne 1,200,000 hommes.

2° A cette règle nous n'avons trouvé qu'une exception, celle de l'armée fédérale Américaine, en 1861, qui, grâce à l'élan généreux de toute la nation, a vu ses malades et blessés, répartis sur tout le territoire fédéral, soignés dans des ambulances établies dans des conditions hygiéniques, abondamment pourvues, et confiées à l'*Association générale des Femmes pour le soulagement des blessés*.

Ces enseignements ne doivent pas être perdus pour nous.

Dans l'état de paix armée où nous vivons, avec ces éventualités menaçantes que nous ne pouvons écarter, c'est pour nous un devoir impérieux de ne pas nous laisser surprendre comme en 1870, de préparer des secours abondants pour nos enfants dont un si grand nombre, en cas de guerre, seraient atteints par le fer ou par la maladie ; car il est d'observation qu'en une seule campagne, le tiers de l'effectif d'une armée, au moins, passe dans les ambulances.

En voyant ce que les femmes Américaines ont pu faire pour l'armée fédérale en 1861, ce que quelques femmes d'élite ont fait en 1870, sans obligation morale, par un sentiment de charité et de pitié pour les victimes de la guerre, est-il téméraire, Mesdames, de vous convier à acquérir les connaissances nécessaires pour donner des soins éclairés à ceux qui vous touchent de si près, à vos fils, à vos maris, à vos frères.

Telle est la pensée qui a inspiré le fondateur de notre Association, le docteur Duchaussoy.

Avec l'aide de quelques collègues, M. Duchaussoy organisa, dès 1876, des conférences médicales qui ont toujours continué depuis ; en 1879, réunissant par un lien durable les personnes dévouées qui suivaient les conférences, il fonda l'*Association des Dames françaises*.

Cette Association, sous la présidence de Mme Foucher de Careil, a réuni de nombreuses adhésions et, dès 1883, elle était reconnue d'utilité publique.

En 1886, un décret présidentiel a réglé nos rapports avec l'autorité militaire. Depuis ce temps des délégués de l'Association sont chargés de correspondre avec le chef du service sanitaire de chaque corps d'armée pour l'organisation d'ambulances auxiliaires.

Pour atteindre son but, un Comité local, quelque puissant qu'il soit, ne pouvait suffire ; l'Association l'a compris et a fait appel au dévouement des Dames de toute la France ; à son appel et à son exemple des Comités se sont formés au Hâvre, à Tours, à Dijon, Lyon, Marseille, Cannes, Antibes, Foix, Pamiers, etc.

Ces Comités ont déjà affirmé leur existence par l'envoi de nombreux dons en nature aux corps expéditionnaires de Tunisie, de

Madagascar et du Tonkin, et par des secours aux victimes de calamités publiques, inondations, tremblements de terre, etc.

Nos Comités ont trois moyens d'action également utiles et recommandables :

1° Recueillir des souscriptions dont une moitié peut être employée en achat de matériel d'ambulance, en secours aux soldats malades ou blessés, et en secours aux victimes de calamités publiques ; l'autre moitié doit être mise en réserve pour augmenter les ressources réalisables en cas de guerre.

La cotisation est de 10 francs par an, c'est la seule obligation que contractent les personnes qui veulent bien envoyer leur adhésion à notre Association.

2° Organiser un ouvroir où les Dames peuvent venir, à un jour fixé, travailler au confectionnement de la lingerie nécessaire dans une ambulance.

Notre ouvroir est installé dans une salle voisine de celle-ci ; Mme Léon Maslin a bien voulu en accepter la direction ; il sera ouvert samedi prochain, et les suivants de trois heures à cinq heures.

3° Pour vous donner, Mesdames, des conseils utiles à toutes les mères de famille et vous mettre à même d'acquérir les connaissances nécessaires à la direction d'une ambulance, nous avons fait appel au bienveillant concours de plusieurs médecins de notre ville ; cet appel a été entendu ; MM. Garnier, Lebail, du Fougeray, Bolognési et Hervé ont bien voulu former le Conseil médical de notre Association et arrêter le tableau des Conférences médicales que nous vous avons adressé.

M. Lebail, chirurgien de l'Hôtel-Dieu, inaugurera ces conférences samedi prochain par une leçon sur les premiers soins à donner aux blessés ; puis, dans l'ordre indiqué au tableau, M. du Fougeray traitera des notions de physiologie et d'anatomie ; M. Bolognési, de l'hygiène ; M. Hervé, des fonctions de l'ambulancière et ensuite parlera de quelques maladies fréquentes en temps de guerre.

Vous comprendrez, Mesdames, le haut intérêt de cet enseignement, qui vous permet d'acquérir des connaissances utiles dans la vie de chaque jour, précieuses en cas de guerre ou de calamité publique. Quelques personnes d'une sensibilité exagérée voudraient toujours écarter ces sujets de leur esprit; vous ne partagerez pas ces craintes puériles, Mesdames; vous ne douterez pas à ce point de votre courage; sans doute il n'appartient pas à tout le monde d'affronter résolument les périls de la guerre comme l'ont fait Mme de Crombrugghe et ses compagnes, Mme de Mercus et Lady Pigot, Mme Cahen et tant d'autres; mais que de bien vous pouvez faire sans sortir de votre ville!

Je suis persuadé que, si nous avons la guerre, la Nation française, comme les Américains en 1861, éprouvera un mouvement d'immense charité pour ses soldats, pour ses enfants; on voudra qu'ils soient soignés et secourus de manière à éviter les souffrances et les pertes inutiles; au lieu de les entasser dans les hôpitaux voisins du théâtre de la guerre, on les transportera au loin dans toutes les villes de France.

Lorsque vous saurez, Mesdames, qu'il y a là, près de vous, des soldats tombés pour la défense de la patrie, que parmi eux plus d'une trouvera son mari ou son fils, alors vous voudrez aider à la guérison de ces chères victimes, et vous serez heureuses d'avoir acquis les connaissances nécessaires pour leur donner des soins éclairés.

Est-ce trop présumer de vos courages? non, Mesdames; ayez confiance dans vos sentiments d'épouses et de mères; ils vous donneront la force de supporter l'épreuve; les cœurs s'ennoblissent et se fortifient dans l'adversité.

Je ne puis vous en donner de meilleure preuve qu'en vous citant l'exemple des Dames de Metz prodiguant leurs soins aux soldats blessés, soit dans leurs demeures, soit dans les ambulances. Leur dévouement est attesté par tous ceux qui ont parlé du siège de Metz. Il l'était encore dernièrement par M. Mézières, député de Meurthe-et-Moselle, membre de l'Académie, l'un des fondateurs et des soutiens les plus dévoués de notre Association.

Dans un article littéraire sur le carnet d'un prisonnier de guerre (colonel Meyret, de l'armée de Metz), M. Mézières dépeint toutes les péripéties de ce lugubre drame, l'élan des premières sorties, l'étonnement d'entendre toujours donner le signal de la retraite,

le doute qui pénètre dans les esprits, l'abattement, la stupeur des derniers jours du siège, les scènes de la capitulation, il ne trouve qu'une note réconfortante, la voici :

« Au milieu des tristesses de l'investissement et de la capitulation, on éprouve quelque douceur à reposer sa pensée sur des scènes bien douloureuses encore, mais où éclate, dans toute sa beauté, un des plus nobles sentiments de l'âme humaine, la divine charité. Dès le jour de la bataille de Borny, les habitants de Metz s'étaient disputé l'honneur de recevoir chez eux les officiers blessés. Des ménages de fortune très modeste en avaient recueilli plusieurs. On évitait ainsi pour eux les dangers de l'encombrement et de la pourriture d'hôpital. Bien des vies humaines ont été sauvées dans ces demeures particulières par les soins délicats des femmes et des jeunes filles.

« Un général de mes amis, en me montrant sa main droite fracassée par une balle, me racontait qu'il avait été préservé des horreurs de l'amputation, grâce au dévouement avec lequel une famille de Metz l'avait soigné. Les Messines ne bornaient pas leur activité charitable à ces soins domestiques. Partout où on apportait des blessés et des malades, dans les hôpitaux, dans les ambulances, elles se prodiguaient auprès de nos soldats. Beaucoup d'entre elles passaient leurs jours et leurs nuits dans les salles empestées par la contagion. A tous ceux qui souffraient et qui mouraient elles ont donné la consolation de sentir auprès de leur lit l'affection et le dévouement d'une femme. Ce mot que le soldat blessé prononce presque toujours : « maman » qu'on a surpris sur les lèvres de plus d'un officier en cheveux blancs, ce sont des oreilles de mères qui l'ont entendu, c'est un cœur maternel qui y a bien souvent répondu. »

(M. Mézières, Temps du 30 août 1888.)

Le cœur des mères est partout le même et j'ai la certitude que si l'avenir nous réserve de voir au Mans des victimes de la guerre, vous leur prodiguerez, Mesdames, les mêmes soins que leurs frères de 1870 ont reçus des Dames de Metz.

70